Zhongguo Wenhua
Zhishi Duben

中国文化知识读本

私塾

主编 金开诚

编著 吴丽娟

吉林出版集团有限责任公司

吉林文史出版社

图书在版编目（CIP）数据

私塾/吴丽娟编著 .—长春：吉林出版集团有限
责任公司：吉林文史出版社，2009.12（2022.1 重印）
（中国文化知识读本）
ISBN 978-7-5463-1254-5

Ⅰ.①私… Ⅱ.①吴… Ⅲ.①私塾－简介－中国
Ⅳ.① G629.299

中国版本图书馆 CIP 数据核字（2009）第 223061 号

私塾

SI SHU

主编/金开诚 编著/吴丽娟

责任编辑/曹恒　于涉 责任校对/王凤翎

装帧设计/曹恒 摄影/金诚 图片整理/董昕瑜

出版发行/吉林文史出版社 吉林出版集团有限责任公司

地址/长春市人民大街4646号 邮编/130021

电话/0431-86037503 传真/0431-86037589

印刷/三河市金兆印刷装订有限公司

版次/**2009 年 12 月第 1 版　2022 年 1 月第 5 次印刷**

开本/650mm×960mm 1/16

印张/8 字数/30千

书号/ISBN 978-7-5463-1254-5

定价/34.80元

关于《中国文化知识读本》

　　文化是一种社会现象，是人类物质文明和精神文明有机融合的产物；同时又是一种历史现象，是社会的历史沉积。当今世界，随着经济全球化进程的加快，人们也越来越重视本民族的文化。我们只有加强对本民族文化的继承和创新，才能更好地弘扬民族精神，增强民族凝聚力。历史经验告诉我们，任何一个民族要想屹立于世界民族之林，必须具有自尊、自信、自强的民族意识。文化是维系一个民族生存和发展的强大动力。一个民族的存在依赖文化，文化的解体就是一个民族的消亡。

　　随着我国综合国力的日益强大，广大民众对重塑民族自尊心和自豪感的愿望日益迫切。作为民族大家庭中的一员，将源远流长、博大精深的中国文化继承并传播给广大群众，特别是青年一代，是我们出版人义不容辞的责任。

　　《中国文化知识读本》是由吉林出版集团有限责任公司和吉林文史出版社组织国内知名专家学者编写的一套旨在传播中华五千年优秀传统文化，提高全民文化修养的大型知识读本。该书在深入挖掘和整理中华优秀传统文化成果的同时，结合社会发展，注入了时代精神。书中优美生动的文字、简明通俗的语言、图文并茂的形式，把中国文化中的物态文化、制度文化、行为文化、精神文化等知识要点全面展示给读者。点点滴滴的文化知识仿佛繁星，组成了灿烂辉煌的中国文化的天穹。

　　希望本书能为弘扬中华五千年优秀传统文化、增强各民族团结、构建社会主义和谐社会尽一份绵薄之力，也坚信我们的中华民族一定能够早日实现伟大复兴！

目录

一 私塾的名称

岳麓书院赫曦台

中说:"塾,门侧堂也。"《尔雅·释宫》曰:"门之侧谓之塾。"可见"塾"是古时门东西两侧的堂屋,后演变为旧时民间教读的地方。《辞海》中解释云:"私塾,中国旧时私人办理的学校,为'私学'之一种,有塾师自设的学馆,有地主、商人设立的家塾,也有以祠堂、庙宇的地租收入或私人捐款举办的义塾(义塾免交学费或交一半学费)。"西晋崔豹《古今注都邑》解释更详细:"塾,门外舍也。臣来朝君,至门外,当应就舍更衣,熟详所应对之事,塾之言熟也。"在教育学意义上使用的"塾"字见于《礼记学记》:"古之教者,家有塾,党有庠,术有序,国有学。"这样直接以"私塾"泛称一切非官方所设教育机构,在古籍中实不多见。直到中国近代西学渐进，学堂林立，为区别新式学堂才把非官方的教育机构称为"私塾"。

"私塾"是今天许多人非常熟悉的词汇。只要是接受过中学教育的人，大多会对鲁迅笔下那略带恐怖意味的"三味书屋"产生好感。一个古板的老先生，一群扯着嗓子大叫的学童，还有一把类似达摩克利斯之剑的戒尺，这就构成了描述"私塾"的形象画面。不过，当文学描写上升为抽象学术研究时，人们发现要给"私塾"清晰定义非常困难。之所以如此，是因为私塾的种类复杂，名称不一，范围广泛。

私塾是我国高等教育发展史的一个缩影

鲁迅小说中的三味书屋

《论语》木刻

私塾

按照施教程度，人们把私塾分成蒙馆和经馆两类。蒙馆的学生都是儿童，重在识字；经馆的学生以成年人为主，大多忙于举业。蒙馆又称"书馆"，教师称为"书师"，有专职的也有兼职的。书馆的教学一般分为两段，也有分三段的。第一段为"蒙学"，以识字为主，使用的教材是字书。第二段学习《论语》《孝经》，接受封建道德教育。第一段学生8岁入学，相当于现在的小学教育；第二段，有的人认为是小学教育，有的人认为是中学教育。蒙学结束后，学生便可"得试为吏"，或进入更高层次的阶段学习。经馆也是很盛行的一种私人办学形式，是高层次——大学教育阶段。尤以东汉为甚，学生人数远远超过了太学。究其原因，一是官学数量有限，入学资格审查较严；二是官学不如私学灵活，不及私人办学那样严肃认真；三是社会动荡不安，政治斗争复杂，名儒不愿为仕而退为授徒，著书立说；四是教学内容与官学一致，学成之后同样可以入仕，不妨碍前程。

根据私塾的设置情况，清末学部把私塾分为义塾、族塾、家塾和自设馆。义塾也称"义学""义馆"，是专为民间孤寒子弟设立的教育机构。义塾或为地方善举、

三字经

私塾

古时私塾

或为个人捐资、或社团祠堂出面创设，一
般都有一定基金（主要是土地、房屋收租）
支持。有属于社团组织的、有属于宗法组
织的、有属于民族组织的、也有纯民间性
的公益事业。义塾带有免费教育的性质，
以出身清贫家庭的子弟作为施教对象。"义
塾"一般不交学费，或交半费。在近代西

嵩阳书院

方学校教育制度引入中国之前，儿童能够
入学的，都在私塾读书。《红楼梦》第九
回写道："原来这义学也离家不远，原系当
日始祖所立，恐族中子弟有力不能延师者，
即入此中读书。凡族中为官者皆有帮助银
两，以为学中膏火之费；举年高有德之人

为塾师。"这便是义塾。

族塾往往设在宗祠内，不招收外姓儿童。族塾依靠族产支撑，属于宗族内部办学。几家凑起来请一个先生，设一个馆。如吴敬梓《儒林外史》第二回《王孝廉村学识同科，周蒙师暮年登上第》中写"汶上县薛家集要请一个先生，就是这观音庵里做个学堂，因为有好几家孩子要上学"。后来请了老童生周进在观音庵立书房教授蒙童，这便是"族塾"。著名爱国人士闻一多就在闻氏的族塾读书，自幼家穷，因为天资聪慧，备受族人爱护，免去费用。那里只收闻姓子弟，塾师的费用由族里承担。

百家姓

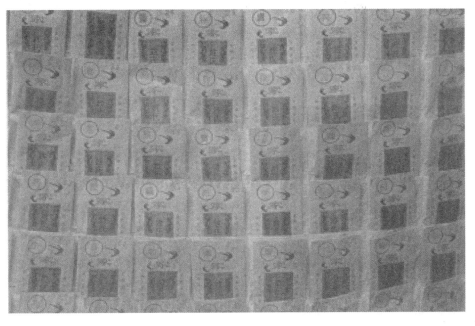

私塾的名称

孔子论语纸扇

《论语》石刻

私塾

富家大户聘请名师宿儒在家专门教授自己的子女，这种私塾称为家塾。《红楼梦》第二回写贾雨村"偶遇两个旧友认得新盐政，知他正要请一西席（"西席"即家塾的教师或慕友）教训女儿，遂将雨村荐进衙门去"，教黛玉读书，这便是典型的家塾教育。同回贾雨村向冷子兴道："去岁我在金陵，也曾有人荐我到甄府处馆，我进

北京孔庙国子监孔子像

去看其光景，谁知他家那等荣贵，却是个难得之馆。"这是甄府请贾雨村到家中教甄宝玉读书而设的家塾。

由私塾先生在自己家中开的馆叫自设馆，是私塾中最多见的一种形式。塾师家的厢房，只要比较宽敞，即可作为教室。如果空间不够，可扩张到过道、屋檐下，也可以另租地点或在庙宇的空房间设馆。自设馆是

宏村私塾

塾师自行设馆招生的私塾,不拘姓氏。过去,私塾多为蒙学程度,很多无业无官,未能中举而又有文化的知识分子以自己家为私塾"校舍",或租借公用的场所,如寺庙、会馆等,安排个书房教学,自家便是塾师。此类私塾称自设馆。小孩到一定年龄,就该"发蒙"了,"发蒙"是件十分严肃的事情,家长往往要在小孩满4周岁,再过四个月又四天就送去读书。"四"和"是"谐音,据说到了四年四月四日"发蒙",儿童会更聪明,也更会读书。当然得事先取得塾师同意。旧时蒙童入塾不必经过考试。择定吉日(一般在每年正月十五以后),塾师便于塾馆大门张贴大红告示,称将于何月何日开馆。家中有儿童的父兄便纷纷前来接洽,面议"修金",说明分三节(端午、中秋、春节)致送。

就私塾的范围来说,包括兴起于春秋战国时期的私学和宋元时期的书院。就私塾的性质来讲,有私立的和公立的,"私"并不是完全的私立,上文提到的族塾和义塾就有公立的性质;在兴办官学和国学的过程中,有时民间力量更大。其实许多官办事业因为财政及管理原因无法兑现,因

古代私塾

此官办事业转为民办事业是清代的一般趋势，学校当是较有代表性的一种。

私塾的名称不一，古人称私塾为蒙馆、学塾、教馆、书房、书屋、乡塾、家塾等等，清末学部把私塾分为义塾、族塾、家塾和自设馆。在古籍中，看不见"私塾"一词，在1905年以后，清廷废科举，兴办新式学堂，为了区别中国旧式学塾和新式学堂，才称旧式学塾为私塾。

二、私塾的起源和发展

曲阜孔庙

人们一般都认为孔子在家乡曲阜开办的私学即是私塾，因为随着经济基础的变革，上层建筑也随之发生了急剧的变化，文化教育方面主要表现为官学衰落，私学兴起。据说孔子是第一个有名的大塾师。追根溯源，私塾是从更早的塾发展过来的。西周时期，塾只是乡学中传统私塾在历史变迁中的一种形式。《学记》追述西周的学制说："古之教者，家有塾、党有庠、术有序、国有学。"当时，学在官府，官师合一，塾的主持人是年老告归的官员，负责在地方推行教化。最早关于塾的记载不是出自《尚书》，而是出自商代甲骨文。在殷墟出土的卜辞中，有多处提到了塾。塾在卜辞中作"埶"，两个字旁为上下结构。不过，商代的塾不是教育儿童的场所，而是宫门侧之堂。于是私塾就从那时起，登上了中国文化发展的历史舞台。

中国传统文化的传承没有中断，长期扮演强势文化的角色，兼之私塾教育的政治、经济基础在古代少有变动，多种因素决定了古代私塾办学的面貌变化不大。历代帝王都把教育儿童看成是家长自己的责任，对蒙学只是略加提倡、引导而已。官府从不干预私塾办学，任凭私塾在民间自由发展。《三字经》《百家姓》《千字文》分别成书于南宋、五

避暑读书浮雕

私塾的起源和发展

白鹿洞书院朱子祠

代、南朝，它们在流传的过程中逐渐得到社会的认可，成为明清两代最常见的儿童识字用书。《论语》《孟子》属于经典读物，这时，也变成蒙学教材的一部分。私塾历来实行个别教学，塾师根据学生的学习基础、接受能力安排课业，体现了因材施教的原则。私塾对学生背书的要求特别高，

大成殿前孔子像

背书是私塾学生的主要活动。私塾在扫除文盲和传承中国传统文化方面，起到了不可替代的作用。私塾是私学的一种，既然查不到私塾的历史资料，那么我们可以研究一下私学的起源、发展和衰落的全过程。

先秦时期，孔子只是诸子百之一，儒家思想没有被当做治国的工具。中国古代私学

私塾的起源和发展

书院内景

沈家私塾

私塾

始于春秋时期。由于生产和政治斗争的需要，没落的贵族官学全面崩溃。作为一种新兴社会群体的"士"阶层应运而生，新的教育组织机构——私学兴起并初步繁荣。"学在四夷"说明春秋末期私学已存在于各地。史书记载，孔子兴办私学，"聚徒成群"，他的言论很有号召力，对社会影响很大。战国之时，私人讲学之风大盛。养士之风盛行和百家争鸣局面的出现，促进了私学的繁荣。当时对教育发展影响较大的四家学派有儒、墨、道、法，但最有名的是儒、墨两家，当时号称"显学"。战国中晚期，齐国在私学广泛发展的基础上建立起"稷下学宫"，它既是

战国百家争鸣的中心与缩影，也是当时教育上的一次创新，对中国古代学术、文化和教育的发展，产生了重大的历史影响。

董仲舒像

至汉代，随着社会形势的变化，汉武帝采纳董仲舒的建议，实行"罢黜百家，独尊儒术"的文教政策，儒家思想被封建帝王定为一尊，成为重要的社会统治思想。以传递儒家文化为己任的私塾从此在社会上站稳了脚跟，虽历经战乱但仍绵延不绝。私学按其程度可分为书馆和经馆两类。书馆又称"书社"或"学馆"，以启蒙教育为主，先教识字和一些教学常识，其用书馆《苍颉篇》《急就篇》，再进行读写训练，注重培养学生的思想观念和伦理道德，此方面教材主要使用《论语》《孝经》及《尔雅》。经馆又称"精舍火精庐"等，是较书馆更高一级的私学，事实上是一些著名学者聚徒讲学的场所。其中程度较高的可与太学相比。经馆一般由当时精通儒学的名家所建，一些经师鸿儒，如董仲舒、郑玄都是两汉著名的私学大师，所教授的弟子成百上千，其讲学已初具学术讨论与研究性质。魏晋南北朝时期，官学兴废无常，而私学却相当兴盛。尤其在南北朝时期，不仅有儒家私学，还出现了佛家私学、道家私学和儒、道、

私塾教给学生做人的道理

佛、玄各家兼综备私学。此时各家聚徒讲学，常有几百人乃至几千人听讲。

隋唐时期，科举制度的出现推动了私塾的发展。当时，科举考试主要是围绕儒家经典"五经"展开的。官学兴盛，私学也随之发达。隋朝的大儒王通，从小精研儒家经典，20岁就开始从事私人讲学和著述。他的学生很多，往来受业者近千人，其中不少人成为隋唐时期有影响的人物。如刘焯"优游乡里，专以教授著述为务，孜孜不倦"。与刘焯齐名的刘炫，也曾在家以教授为务。还有众多硕学鸿儒都曾立私学，

教生徒，以此为业。唐朝的韩愈、柳宗元等都曾在私学中教授学生。许多博学大师甚至开学馆、设书院，以招收生徒讲授知识为业。

宋代私学教育和启蒙教育都得以充分发展。经过北宋三次兴学，南宋官学多有名无实，科举考试弊端丛生，引起许多学生的不满，纷纷致力于私学。这一时期的蒙学教材既继承了历代教材的优良传统又有新的发展，对后代有深远影响。宋明理学家注重对儿童进行伦理教育，并制订乡规民约，推行社会教化活动。宋明理学的兴起，促成了族塾义学的兴盛。

明清书院

辽、宋、元时期私学也十分活跃。其原因是统治阶层发生了不同民族的更迭，各民族都迫切需要加速培养本民族的学术人才，而战乱的频繁，使得官学远远不能满足这种需要，私学因此得以兴盛起来，其形式有私塾、家塾、经馆、家学等。明清时代的私学，继宋、元以后仍兴盛不衰，形式上也没有什么区别。另外，值得一提的是唐末以后的私学中产生了一批书院，书院在宋代得到发展后开始向官学转化，这是私学在中国历史上的贡献之一。

从孔子私学，稷下学宫，汉朝的书馆、经馆，发展到唐末产生了书院的萌芽，并

在宋代形成完善的书院制度，达到了私学教育发展的高级形态。白鹿洞、岳麓、应天府、嵩阳、石鼓等书院，在宋代就名闻天下；明朝的东林书院更因东林党人"家事、国事、天下事，事事关心"，讲习之余，抨击政治，评判权贵，不畏权势，以通过政治舆论力量给朝廷施加压力的凛然气节而名垂千古。无数文人志士以书院为讲台，弘扬中华文化，阐述新知异说，"各领风骚数十年"使书院这种私学形式一直发展到清朝末年。其间更有众多无名的"蒙师"，在乡间的私塾、私学里进行蒙养，成为官学教育制度的重要补充。私学在保存、传递、

东林书院

私塾的起源和发展

027

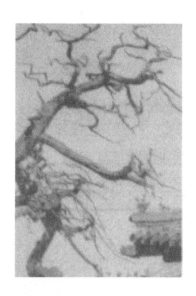

孔庙内古木
孔庙前孔子像

总结、发展、普及和提高我国的文化和教育上，创下了不可磨灭的历史功绩。

　　私塾的长期存在，很大程度上是中国的小农经济为其提供了经济基础，也正是由于商品经济席卷中国大地，小农经济破产，私塾才失去了它赖以生存的基础，导致它在中国近代消失了。以西方科学知识为主的教育取代了传统儒家教育。这是一个传统与近代互动的过程，一个妥协与创造并存的过程，因为传统和现代是不能割裂的。在学校不能普及，学龄儿童入学率低的情况下，作为教育工具，私塾仍然有其生命力。正是由于新旧两极之间的过渡

孔庙一景

存在的价值。私塾多存在于农村，而这类地区在近代始终没有一个与外界畅通无阻的沟通渠道，以至政府虽颁布了许多改良私塾的法令，却难以在此彻底贯彻实行。加之旧中国战争不断，灾害频生，家长为了保障孩子能够接受教育，而选择把孩子送入私塾。中国农村经济是小农生产，需要大量的劳动力，子女在私塾读书则比较方便。而且同新式教

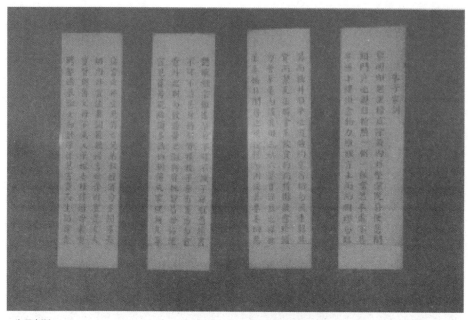

朱子家训

育相比，私塾收费低廉而灵活，关注学生天赋，培养学生兴趣，注重探讨式教学方式，也不论学生出身背景和家庭贫富，学以致用，求精求专，不搞文凭教育。

对于传递文化、培养人才，私塾在古代曾经做出过重大贡献，它适应了古代社会的需要。但是，到了近代，私塾与社会发展的要求出现了距离，因此，私塾受到社会的质疑。提倡新式教育的人士指责私塾不开设算术、历史、地理，知识覆盖面过窄；教材长期不变，知识老化问题严重。显然，中国要想摆脱被动挨打的局面，不得不发展近代新式教育。

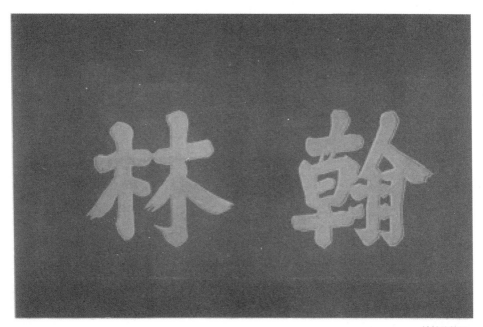

翰林院牌匾

岳麓书院

私塾的起源和发展

岳麓书院一景

　　历经清末、民国私塾的改革，对教育内容和塾师的改革，一部分私塾变为小学，一部分则被淘汰。然而在改革开放和市场经济飞速发展的今天，私塾悄然兴起，下面从几个方面来论述私塾的特点。

三　私塾教学的特点

私塾的教育目的明确。家长送孩子来，老师首先就问："你打算让孩子将来干哪行？"多数家长答复："能识几个字，不当睁眼瞎就行。"也有的说："能扒个算盘珠子，记个豆腐油盐账，做个买卖人就好。"这就是识字记账的低层次类。有的家长想让孩子喝点墨水，将来能干点文墨之类的事，这是搞文秘工作的中层次类。再一种是希望孩子读些经史古籍，能诗会文，做个有学问的人，这属于正统的读经求学，做博学有识的人。这是人数较少的高层次类。塾师讲究授业定向，根据家长的不同要求，确定不同的教学内容。类似现代教育中的定向教育。

岳麓书院一景

（一）尊师择师的私塾教育

中国古代诗礼之家的宾客中，最尊贵的一种就是"西宾"。西宾即塾师。

记得一位得道高僧讲过他拜师的过程，父亲要带着儿子对老师行三拜九叩的大礼，以示对老师的尊重。尊师乃我国私塾教育的一大特点，也是古往今来中国传统美德之一。《红楼梦》中，林黛玉的塾师贾雨村，求林如海介绍他去结识贾府时，林如海回答说："因向蒙教训之恩，未经酬报，遇此机会岂有不尽心图报之理。"足见林如海对他的尊重，完全以自家人待他，以诚以礼相待。《红楼梦》第八十一回，贾政带着贾宝玉到学堂去拜见塾师贾代儒，贾代儒站起身时，贾政早已走入，向贾代儒请了安，宝玉也过来请了安。贾政站着，请贾代儒坐了，然后坐下。贾政道："我今日自己送他来，因要求托一番。"说毕站了起来，又作了一个揖。贾政对贾代儒这样的小人物如此恭恭敬敬地行礼作揖，足以证明当时塾师是很受人尊敬的。当时私塾的先生，大抵比较年长并极具尊严，这是塾师的特点。没有尊严，固然不像个老师，不老也

民族舞剧《红楼梦》

私塾

不像，因而必举年高有德之人为塾师。这大概也是尊师的一个原因吧。另外私塾中"师不宜轻换"。贾宝玉的塾师一直由贾代儒担任大概就是这个原因。当时的豪门，请来教书的先生一般都是学问好、教授得法而受到器重、尊敬，成为关系密切的门下客。不但要教学生，而且往往要陪老爷谈文论诗。林黛玉的老师贾雨村在林如海的盐政衙门中，就有"陪伴"林如海的义务。

蒙学是私塾的主要内容，政府不对其进行干预。同时宗族一直是支持私塾发展的主要财政力量。西周以前学在官府，自春秋孔子首开私人讲学之风后，战国、秦汉私学大

西安书院牌坊

私塾的教学的特点

孔子头像

孔子说教场面

私塾

盛，成为中国封建时代学校制度的重要组成部分。地方教育在书院以下，未设官办学校，蒙学的教育主要由私塾来承担，这是中国封建教育的另一个重要特点。

私塾寓道德教育于教学过程之中，私塾中一般没有干巴巴的道德说教，大都不会脱离具体的教学内容大谈道德理论，而是将思想品德教育置于具体的知识传授过程之中，使学生既接受了文化知识，又受到了道德熏陶，做到知识、道德教育兼顾。将道德品质教育融入文化知识教学，往往事半功倍。近代私塾塾师给学生选讲《国殇》、《正气歌》、《过零丁洋》和戚继光平倭的故事，还向学生讲授伟大祖国的历史文化遗产和几千年辉煌历史，潜移默化地在学生心中播下爱国的种子。私塾从教学内容到教学方法大都体现了因材施教。一位教育家曾经说过，真正进行了因材施教，才算实施了教育。私塾实施的是个别教育，个别教育与因材施教有着千丝万缕的联系，由个别教育到因材施教只有一步之遥，有经验的塾师在对学生进行个别指导时，往往能根据学生的不同情况采取不同的指导方法。因材施教在私塾得到较充分的体现。从教学内容上看，因学生年龄不同，所学内容则各异，程度和难度也不同。4—9岁，所学的主要

私塾教授珠算等课程

私塾

内容为《三字经》、《百家姓》、《千字文》、《四言杂字》、《增广贤文》等。在这一年龄段中程度较高的，加读《幼学琼林》、《唐诗三百首》并学习珠算、记账等。年龄在 10 岁以上，且程度较高者，则授以"四

书五经"试帖、制艺等科举考试的内容。对于初入塾者和已入塾有一段时间者所采取的教法也各不相同。

（二）教育的弊端

重人文精神，轻科技实业。强调教育与政治的密切结合，注重教育的人文功能，形成了重文轻理、重义轻利、重知轻行的思维定式，造成轻自然研究，斥科学技术

书院石碑

的价值取向，使科技、工艺等只能通过师傅带徒弟的方式得以发展，根本没有形成教育的规模。这也是走在世界前列的中国科技在近代却落后于西方的原因之一。中国虽创造了灿烂的东方文明，中国人的发明创造却成为西夷打开中国国门的武器。同时严酷的体罚也是私塾的一个弊端，将会在下文中提到。

私塾的教学的特点

四、私塾的教育內容

古时教育书籍

私塾以读书、习字为主课，一般先读蒙书如《三字经》、《百家姓》、《千字文》、《声律启蒙》、《幼学琼林》、《增广贤文》、《女儿经》等；然后读"四书五经"和《左传》。塾师一般只教杂书和"四书"。概言之，私塾的课程有五大类：

（一）蒙书

我国古代蒙学教材中的识字教材，其历史范围是从西周到清末。这里界定我国古代识字教材的依据有三条：第一，教材编写目的以学习语言文字为主；第二，教材使用的阶段在儿童入学之初；第三，使用

范围广，延续时间长，得到大众和学者的普遍
认可。自从《三字经》《百家姓》《千字文》
产生后，它们形成一个体系，取代了以往所有
的识字教材，而且有着极大的稳定性，使用数
朝数代，甚至流传到外国。这种继承与革新中
的历史规律就是识字量、知识量是否与儿童的
接受能力相一致。后起的《急就篇》，尽量选
易识易记的字，所以能够在一定时期独占鳌头。
但它也有一个不足，就是知识太多太杂，有姓
氏名字、文学法理、天文地理，类似于百科全
书。而成为一个体系的"三、百、千"则不然，
它们在知识上分别汲取了《急就篇》的一部分
而成，字数多则一千左右，少则几百，只需会

豫章书院

银冈书院

私塾

"四书五经"是私塾里的
必读书

读会认，不要求会写，所以很快能够取而代之。后来的改编本无一不是在加深教材难度，扩充教材字数上下功夫，忽视了儿童的接受能力，因此，它们随着历史进程的演变而湮灭，也就不足为奇了。有"吹尽狂沙始见金"之势。随着年代的推进，蒙学识字教材趋于丰富化、条理化、系统化。一方面沿袭已有的教材；另一方面又根据时代需要加以改编，甚至去编写新的教材。这是一个继承与革新的过程，既保证了教材的稳定性，又进行了革新、改进，使蒙学识字教材具有不息的生命力。

诗经

（二）杂书

　　读书是私塾主要的功课，但经书不是儿童入塾时就能读的，必须先读了一定的杂书之后，才开始读经。私塾所读杂书有十多种，除上述而外，还有《三字幼仪》《五言鉴》《龙文鞭影》《史鉴节要》《王氏蒙求》《李氏蒙求》《幼学琼林》《诗品》《增广贤文》《五言杂字》等。这些书或灌输封建道德思想，或传授一般的封建文化知识，或讲述历史与文艺，或教导人情世故，或补充识字。在蒙童读杂书阶段，塾师照例是不讲的，只逐字逐句教读，然后要求学生死记硬背。

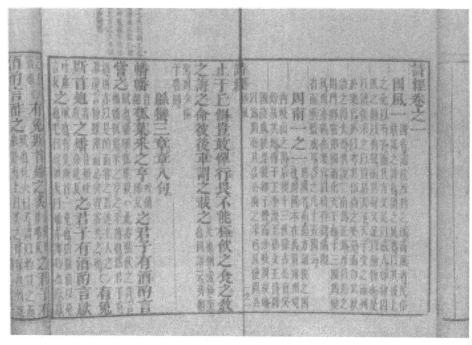

宜兴东坡书院碑文

（三）经书

四书、五经是朝廷"钦定"的必读书。四书是《大学》《中庸》《论语》和《孟子》的合称，五经指《诗经》《书经》《礼记》《易经》和《春秋》。这其中以四书最重要，《左传》也是必须要读的。"四书五经"之类文章的死记硬背是私塾教育的重点。《红楼梦》第十二回中，贾政说："那怕再念三十本《诗经》，也是'掩耳盗铃'，哄人而已。你去请学里太爷的安，就说我说的，什么《诗经》、古文，一概不用虚应故事，只是先把'四书'一齐讲明背熟是最要紧的。"可见他也极力要求私塾教师对宝玉加强"四书"的学习，反对他看一些所谓杂书，反对他做诗做对，

认为就是做得几句诗词，也并不怎么样，也没有什么稀罕处。不仅男子如此，封建时代官宦人家的女子在私塾里学的也是四书、五经。如《红楼梦》第三回"贾母因问黛玉念何书。黛玉道：'刚念了《四书》。'"由此我们不妨说，读四书、五经，练八股文章，中举当官，就是对我国明清时期全部封建主义教化实践的概括。

宜兴东坡书院碑文

私塾先生多有过科场经历，且有一定功名，或秀才、或廪生、或拔贡等，但他们对四书、五经也不一定弄得清楚，有一些书也不一定读过。所以，读经阶段，塾师也极少讲，只要教儿童认得字，读得来，便可完事。读书和背诵是分不开的，经书讲解不多，却要求学生能背诵，还要背得如流水一样自然流畅，不能打"格顿"（停顿），才符合要求，才不至于挨打。

（四）写字

写字也是私塾主要功课之一，私塾蒙童的写字课大致分四个程序：润字、描红、描影、临帖。润字亦称之为"把腕""把笔"，即手把手润字，教以横、直、勾、点及转折、转重方法。并告之"握笔四要"（虚、圆、正、紧）和"作字四法"（横清竖直、少

写字盒上用的砚盒
蒙学教科书

粗多密、勾短点圆、空勾横直)。描红亦称"写红模字"，实际上是填写，所描填内容多是"上大人，丘乙己，化三千，七十士，尔小生，八九子，佳作仁，可知礼"，以及"一去二三里""王子去求仙"等诗句。描影亦称"影写"，塾师先把格子打好，再发给蒙童用纸蒙格照写。临帖亦称"临格"，或选取碑帖字范让学生照着写，或由塾师书写于上格，让学生在下格对照着写。蒙学阶段的写字课不仅讲究先大后小，先慢后快，而且极为严格。早饭后入塾，先写字后读书，完成后交到塾师桌上，写

岳麓书院大门

得好的字老师划个红圈 (蒙童戏呼为 "大盐蛋")。

(五) 作文

私塾的作文教学是从 "属对" 开始的，因此《声律启蒙》就成了必读书。属对训练一般从 "一字对" (如云对雨、雪对风之类)开始，

私塾的教育方法

八股文

进而"二字对""三字对"以至多字对。对句在语音上要求平仄相对，词汇上要求词性相同，语法上要求结构相同，以至修辞、逻辑要求都十分严格。学会了对句，蒙童就开始学做诗。先是熟读《千家诗》《唐诗三百首》一类的书，学平仄、学押韵。私塾教儿童学诗的目的，是要达到能做科举考试时所规定的五言八韵"试帖诗"。学诗不是私塾主课，一般每月八九次(或逢一、四、七，或逢三、六、九)，由塾师自由安排。因为科举考试需要，私塾作文教学重点放在学习八股文上，不过要等到蒙童读完经书,快成年之时,谓之曰"开笔"。八股文格式一般是把一篇文章分成四段，每段要有两股对偶的文字,曰:破承、起讲、入题、起股、虚股、中股、后股、束股。八股文多系"经义之文"，就是说它多取义(破题)于四书、五经。因此，塾师训练蒙童作文十分讲究，普遍采用先放后收的步骤,开始以放为主,鼓励学童大胆地写，放手地写，不挫伤其兴趣和信心。待有一定基础之后，再要求精练和严谨，此所谓收。八股作文需要"避讳"，在缮写文卷上，遇到与帝王、圣贤名字相同的字，要缺去

五　私塾的教育方法

一笔，以示对君上圣贤的尊敬。

早中晚授课，私塾中有一定的学制与学规。全年分五、八、腊三个学季，即端午、中秋与春节，没有星期天，每季放假时间长短不一。全日上学，上午课读，下午习字习文，晚上练习珠算，也有文化活动。在这些活动中，实施"小先生制"，能者为师，如练习击鼓、吹号、弄笛。又如每逢初一与十五早上，在巷内让学生持枪练习步伐，都采用学生教学生，互教互学的方式。每年清明时节，还带领学生敲鼓吹号，走出街巷，来到郊外活动，这种活动名曰远足或踏青。

东林书院一景

私塾

塾师对学生要求十分严格，违反规矩者要受体罚

上午课读，就是背旧课、上新课。低层次学生每读一节一章都经过老师点红范读。天天上午背诵，读完一本要整本背诵，书本读多了，本本都要摆起来逐本顺次背诵。背不上来，有时塾师提示一下，有时也允许学生转身翻阅一下再接着背下去。有人趁两三位同学一块背诵而从中蒙混过关，被塾师发现后，就会抽出戒尺责打学生手心，有时也会把手心打至红肿。个别学生经常逃学，或小偷小摸，或有下流行为，先生怒气上来了，就着令两三个身高体壮的学生将其按伏在特制的矮木凳上，扒下裤子，用长条竹板责打屁股。直到学生边哭边喊："先生，下次不

私塾的教育方法

徽州书院门牌坊

敢了。"塾师这才罢手。打手心这种体罚，在当时的私塾中普遍存在，而脱裤子打屁股的并不多见。

下午是习字，有时作文。由于摆放笔墨纸砚，学堂内的桌案不够两个人使用，所以，凡属启蒙的刚习字的学生，都到墙外泥台上练字。塾师教学生习字，举凡握笔、运笔、间架部位，都亲做示范。学生不经过描红，一律用他开的影本，套在实折纸上描写。习大字时，要学生购买大楷或中楷羊毫。习小字要学生一定用狼毫。墨则以徽州文墨为正宗。为节约纸墨，塾师也动员学生到颜料店去买几两红土，泡水，用毛笔蘸红土水在废纸上练字。有时又叫学生拣几块灰色砖块磨平洗净，用毛笔蘸水在砖上练字，随干随写，这就更加省钱省事了。

晚上的夜课，主要是学珠算。墙上挂的大算盘就是塾师或珠算水平高的学长讲加减乘除算法时做示范用的。塾师对珠算教学的要求是不但会算，而且要熟练。以分组互教互学互练为主要练习形式。不仅要学会加、减、乘、除算法，而且还要学会斤两之间的换算。学生学到一定程度，都要开展大小组各种不同算法的比赛活动。夜间，在昏黄的灯光之下，只听学堂内噼里啪啦的珠算之声

老式算盘

私塾的教育方法

不绝于耳。私塾除上述早中晚的读、写、算三类课外，还有两次别具特色的对学生有培养作用的课余活动。

私塾不设班级，都是个别教授，好处是因材施教。当时教法有以下几种：

第一，点书。塾师的教桌上，常备着一个朱砚和一枝朱笔，朱砚内盛着用白术加水磨成的银朱，这是先生点书、批卷的重要工具。每天上午学童陆续上学，先生逐个把他们叫到桌旁。先生边读边点，学童句句跟读。学童跟不上或跟错了，先生再教一遍。先生点完四句，就在书头写上当天的日子。先生每天点一次书，就不再教读，学童如果不懂，可以提问。这时学童个个端坐，满堂书声朗朗。"八岁孩提子，从师入学堂，整容端坐席，开口诵朗朗，就是当时的情景。

砚台

第二，还书。每天点书之前，学童要把昨天点的书给先生还读，也叫"还书"。还书有"正读"与"背书"之分。正读，就是面对老师看书本朗读。先生认为可以，再点生书（新课）。背书即背向老师，高声背诵。一般学童都能背出来，如诵不熟，则限时再背。

第三，温书。先生点完一本书，学童还要

白鹿洞书院内景

"温书"。一个学童一般都读两本以上的书，一本是"生书"，另一本或两本是读过的书。先生每天点书后，也指定温习一两页老书，到"还书"时，一起"正读"或"背诵"，尤其是"四书"，非要读得滚瓜烂熟不可。

第四，写字。写字是私塾的一个重要科目。学童每天下午一到馆，就得靠在书桌上写字。

万松书院仰圣门

写字分五个阶段：填朱（描红）、映写（映着范字帖，逐笔映写）、腾格（第一三五格范字可映，而第二四六是空格，要仿照范字，自己写）、白手写（学童可自由选择要写的字）、临帖（选择名字帖临摹）。学童每写好一张字，就将其放在先生的教桌上。先生将写

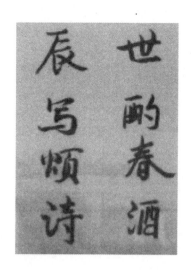

春联

得好的字用珠笔加圈，最好的打三个密圈。对写字进步快的学童，先生就在习字纸上书"记赏三文"，意思是要家长奖赏给学童三个铜钱。家长常把习字纸逐日张贴在墙上，以观察学童的进步情况，学童对写字兴趣很浓，进步也很快。凡念私塾的学童，字都写得比较好。

第五，练习对偶句。先生教学童做"对子"，先教两个字的，如"竹叶"对"梅花"；三个字的，如"人独立"对"燕双飞"；四个字的，如"山间明月"对"江上清风"；再教五言、六言、七言的对子。科举时代，考八股文是要讲"对仗"的，这都得在私塾打基础。如今社会上仍然流行"春联"、"寿联"、"婚联"、"挽联"以及"楹联"等。每逢腊月廿四至年尾的上午，先生选派几位大字写得好的学生，在学塾附近几条大街的某些商号门旁摆上"代写春联"的摊子。几位书法可观的高班生，购买红纸，自写若干传统的喜庆对联，如"天增岁月人增寿，春满乾坤福满门。""爆竹一声除旧，桃符万象更新。"也有用蓝纸写的春联，如"守我堂前三年寿，不知门外几时春。""树欲静而风不止，子欲养而亲不在。"等对联，

六、私塾的教育目的和教育效果

孔庙国子监内景

以挣取额外收入。

私塾相对于官学而言有较大的自由，并不把入仕为官作为唯一目标，正所谓"子弟不可以不读书，不特发科加高门第也，读书明大义识道理，即经营生意理明白者，自不至于受人之愚。"徽州人便一再告诫其子孙："读书非徒以取科名，当知做人为本。"其另外一个重要教育目标是用封建宗法道德伦常教育学童。在满足子弟读书识字的需要，提高族众文化素质的同时，重在宣传封建伦理纲常礼仪，维护宗族内部的团结和秩序，其次才是更高层次目标，满足宗族子弟应试科举的需要，冀望入仕。

科举制度所坚持的是"自由报名，统一考试，平等竞争，择优录取，公开张榜"的原则，打破了血缘世袭关系和世族对政治的垄断，对我国古代社会的选官制度是一个直接有力的改革。它给中小地主阶级和平民百姓通过科举入仕提供了一个公平竞争的平台，在使大批地位低下和出身寒微的优秀人才脱颖而出的同时，也扩大了封建统治基础。特别是在科举制度日趋完善的宋朝，历代皇帝几乎都奖掖孤寒，采取特别举措限制贵家子弟，这客观上给了平民子弟崭露头角的机会。宋朝不但出现了平民状元的现象，而且很多普通百姓子弟通过科

歙县竹山书院

私塾的教育目的和教育效果

科举匾额

科考必读书籍

私塾

举改变了自身及其家族的命运。不少日本学者也因此把中国的宋朝称为"平民社会"。

科举产生出一大批善于治国安邦的名臣、名相和雄才大略的政治家，以及众多有杰出贡献的思想家、文学家、艺术家、学者、教育家、外交家等，如唐代的王维、韩愈、柳宗元、刘禹锡、颜真卿、柳公权、白居易，宋代的欧阳修、王安石、苏东坡、司马光、朱熹、包拯、寇准，明代的张居正、汤显祖、海瑞、徐光启，清代的纪晓岚、刘墉、郑板桥、林则徐、蔡元培等文化名人都出自状元、进士和举人之中，都是中华民族的英才。

科举制度植根于我国的封建社会，有赖于

私塾的教育目的和教育效果

我国多民族国家中主体民族在人口、发展水平与文化认同上的巨大优势和封建生产方式不断向周边地区拓展的历史背景。以科举为正途而又以儒家学说为科举考试内容的做法，把政权的世俗性与意识形态的灌输自然地融合为一体，是我国传统政治的一大创造，这有利于中央集权国家的发展。中央集权国家的凝聚力与稳定程度与官僚选拔制度由"察举征辟"到科举考试的演变也密切相关。

古代科举作弊所穿的衣服

明清时期，科举取士，许多"诗书仕宦之族"的读书人为了猎取功名，都必须参加科举考试。这就决定了明清时期的教育必须与科举结合，私塾教育也不例外地成为科举应试的预备性教育，是走向仕途的第一步。《红楼梦》中，作为正统封建制度的代表者与维护者的一家之主贾政，也希望宝玉能够通过私塾教育而一步步走上仕途之路。《红楼梦》第八十一回，贾政亲自送宝玉去私塾，并对塾师贾代儒说："我今日自己送他来，因要求托一番。这孩子年纪也不小了，到底要学个成人的举业，才是终身立身成名之事。如今他在家中，只是和些孩子们混闹。虽懂得几句诗词，也是胡诌乱道；就是好了，也不过是风云月露，与一生的正事毫无关涉。"

私塾的教育目的和教育效果

北京孔庙国子监木刻兵马俑

可见贾政是把科举考试和仕途道路作为培养目标的。望子成龙的贾政还对贾宝玉声色俱厉地训斥道："比如应试选举，到底以文章为主。你这上头倒没有一点儿工夫！我可嘱咐你：自今日起，再不许做诗做对的了，单要习学八股文章。限你一年，若毫无长进，你也不用念书了，我也不愿有你这样的儿子了。"第一百一十六回里，贾政吩咐贾琏一定督促宝玉本年去参加科考，理由是能够中一个举人，也好赎一赎他们的罪名。贾政希望宝玉中举当官的急切心情溢于言表。第八回里，秦钟的父亲送儿子上学，他想的也是这个前程："秦钟

清朝科举考卷

此去，可望学业进益，从此成名。"不但家长如此想，一般人也如此说。第九回中，贾宝玉要上学时，贾政的那几个清客说："今日世兄一去，二三年就可显身成名的。"袭人说："念书是很好的事，不然就潦倒一辈子了，终久怎么样呢？"甚至黛玉听说宝玉上学，也用类似的语言同宝玉开玩笑，说："好！这一去，可是要蟾宫折桂了！"即便如此，私塾教育出来的贾宝玉在作者的笔下，仍是痛恨科举制度，反对八股的。第七十二回云："更有时文八股一道，因平素深恶，说这原非圣贤之制撰，焉能阐发圣贤

北京孔庙国子监木刻兵马俑

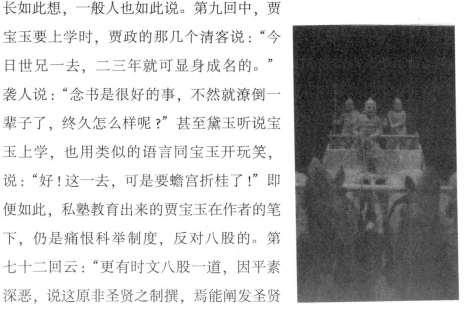

私塾的教育目的和教育效果

刘禹锡石像
国子监庄严肃穆

之奥，不过后人钓名钓禄之阶。"

《红楼梦》第九回中还讲到了一场学堂风波，这场风波是由贵族青年平日争风吃醋积怨而引起的，公子哥儿们争风吃醋，结果是砚起匣飞，墨溅碗碎，拳打脚踢，满屋混乱，乌烟瘴气。"原来这学中虽都是本族子弟与些亲戚家的子侄，俗语说的好'龙生九种，种种各别'。未免人多了就有龙蛇混杂，下流人物在内。"像金荣一样有关系的亲戚仆人家，一来请不起先生，二来也想借进大户家塾之机结交富朋友，寻找附势进取的机会，这样就使家塾变成鱼龙混杂、滋生

白鹿洞书院景色

是非之地。家塾教育中的风气之乱、弊端之多，由此可见一斑。而贾代儒的孙子贾瑞，"父母早亡，只有他祖父代儒教养。那代儒素日教训最严，不许贾瑞多走一步，生怕他在外吃酒赌钱，有误学业。"可谓用心良苦，然悉心培养出来的贾瑞却是邪心未改，色胆包天，最终短命而死。

私塾的教育目的和教育效果

七 私塾的教学管理

古代书院牌坊多立有励志的
字牌

（一）教室布置

私塾内堂正中必须供奉"大成至圣先
师孔子之神位"，红纸楷书，两旁还要写
上"三千徒众子，七十二贤人"或"颜曾
思孟，周程朱张"等字幅。此外，私塾的
环境也是很讲究的。家塾设在巷子的深处，
极其幽静，馆前是一个占地约四五亩的花
园，园中种着各种花木，常年散发着花果
的芳香，四周长着几笼斑竹，轻灵的竹尾
在和风下不停地摇动，飒飒作响。馆门两
旁悬挂着一幅对联：

雨余窗竹图书润

风过瓶梅笔砚香

清新高雅，与园中的景色极为切合。园外是肥沃的田野，远处是巍峨的山峰，环境异常优美。不过"散馆""义塾"的条件要差些。塾中书桌、坐凳，多由儿童自带入塾，以至高低、长短、大小，参差不齐。

屋内用红色油漆涂有"六言私塾"四个大字。"六言"者，出于《论语》，指仁、和、信、直、勇、刚六字。可见学塾定名的意义。

七私塾的教学管理

（二）教学管理方法

私塾对学童管束极严，"整容端坐，整日朗朗诵读"是学童的守则。先生管教学童，惩罚是唯一的法宝。学童十分畏惧先生，先生一声吆喝，就会满堂寂静，鸦雀无声。当时先生的教桌上放着一块戒方儿，上面写着四句话："一片无情竹，不打书不读，父母若爱你，不必送来读。"当时流行的体罚形式有敲脑钉儿，即用中指中间的一节骨节敲击学童的额角；连打三板手心，学童每天"还书"之前，唯恐自己难过关，先要将自己的手心放在桌角；罚跪，一般跪在孔子牌位前的石阶上；关堂，即放学之后不让回家。学童最怕关堂，因为一关堂家长就知道了，回家又要被惩罚。

私塾中规章极为严酷。塾师为了树立自

私塾的教学管理

己的绝对权威，除对学童授课外，与学童"不交一言，不示一笑"，犹如一尊菩萨，把学生成天禁锢在私塾里苦读诗书。《红楼梦》中昏庸无能、呆若木鸡的贾代儒可谓私塾教师的典型，学生不能随便走出书房，甚至连上厕所也要领出恭牌，这在《红楼梦》第九回中就有两处提到。学塾有严格的学规，义学有"义学约"，家塾有"家塾规"，学童违背了学塾的规章，就要予以惩罚。罚法有罚立、罚跪、打手心、笞臀、加重课业等。《红楼梦》第十二回写贾代儒将贾瑞："按倒打了三四十板，还不许他吃饭，叫他跪在院内读文章，定要补出十天功课来方罢。贾瑞先冻了一夜，又挨了打，

科考必读——四书五经，八股时文

私塾

又饿着肚子，跪在风地里念文章，其苦万状。"
可见贾瑞因一时违规而身心俱受惩罚，这是腐
儒塾师的惯用伎俩。当然，除了体罚外，贾代
儒也采用责令威逼的方式，例如第八十二回，
贾宝玉上学迟到了，"贾代儒已经变了脸说：'怪
不得你老爷生气，说你没出息。第二天你就懒
惰。这是什么时候才来？'"后来又对宝玉说："我
如今限你一个月，把念过的旧书全要理清。再
念一个月的文章，以后我要出题目叫你作文章
了。如若懈怠，我是断乎不依的。自古道：'成
人不自在，自在不成人。'你好生记着我的话。"
可以说，清代私塾教育里诸如贾代儒所采用的

清代楲木戒尺

这些体罚、责令、威逼等教育管理方法，是从封建家长式的专制礼教土壤中生长出来的，是封建专制政治在教育领域中的表现。这种学塾中的学生对老师十分惧怕，毫无学习积极性可言，也就不可能产生好的学习效果。

塾师体罚学生,用竹片打手掌算是轻的,其他体罚还有若干种,可谓花样百出:打屁股——令蒙童自抬板凳来,令其伏在上面,塾师用竹片或戒方边打边骂,起码二十至一百板,如果滚下,就另外来过,直打得儿童惨叫连天,声彻户外;敲打脑壳——用戒方、旱烟管敲打蒙童脑壳,是极平常之事;罚跪、罚站等———蒙童小有违规或犯错,塾师动辄以罚跪、罚站、揪耳朵,甚至不准放学,饿着肚子守学堂等来惩罚学生。比如罚跪,是在孔夫子牌位前,一般以一炷香为度。甚者罚跪炭渣,有的还要在头上加顶一条板凳,凳上再放一碗水,真有如虐囚。私塾学生受到塾师体罚,通常还要在蒙童手(脚)颈划上各式各样记号,不定期检查,如学生下河用水洗掉,一经查出,从严责罚。下面是郭沫若幼时在家塾中受到体罚的一段记忆:他的塾师有一根两分厚、三尺来长的竹片,是专门用来打学生的。正式的打法是打掌心、打屁股;非正式的打法则是隔着衣裳帽子的乱打。有时竹片打破了,塾师就干脆把随便找来的细竹抽来打人。郭沫若发蒙后不久,脑袋被打得尽是包,晚上疼得不能睡觉,直哭。母亲见他可怜,就替他找了一

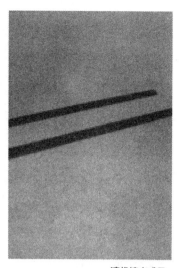

清代檀木戒尺

罚站

顶硬壳帽子，先生的竹片打在帽子上只是空响，脑袋一点也不疼。不料他二兄和他争抢帽子，秘密被先生发现了。以后先生打他，总要把帽子摘去，弄得他又是满头包，无法入睡，慈爱的母亲也爱莫能助。

八、私塾的教育对象

学童入学的第一件事是祭拜孔子。"尊孔"是私塾里一个极为庄重、严肃的礼仪。私塾的中堂，设有"大成至圣先师孔子之位"的牌位。学童一进馆，就在孔子牌位前点上香烛，摆起果盆，下跪祭拜然后再跪拜先生，就是皇太子也不能例外，再拜师母。接着，塾师从学童的书包里拿出那本《蒙求》，在书面预先贴好的两张红签上，写上"厚德于人"四个字，在另一张红签上写上刚为学童所取的新名，再拿朱笔在《蒙求》的开头，教学童读四句，每句都用朱笔圈点。这就是点书。点书以后，是"把笔填朱"（描红）。先生把学童带去的红字纸铺在桌上，教学童握笔。一支新笔，蘸上浓墨，先生的手掌握在学童的手背上，扶着学童的手在红字上填写笔划，这就是开笔。开笔先生被称为"启蒙恩师"，是最受读书人尊敬的。日后如果状元及第，就得先到开笔先生那里谢恩。入学教育之后，蒙童一生的私塾读书生涯便开始了，开笔之后，就放学回家了。这一天，先生还将一些糕饼分给诸学童，让大家也高兴高兴。学童第一天放学回家后，还要到诸亲戚、邻居、好友家去拜客，有钱者可以租借一匹白马，帽头儿两边插上一对银花，另

学童入学要祭拜孔子

私塾的教育对象

请一个帮工，挑着礼盒，每到一家，即下马拜谒。上辈看着学童施礼，判断小孩懂不懂礼节。学童家将一份糕饼送给客人家，客人家得回赠一串"拜见钱"（用红头绳串好的铜钱）。

私塾是十分讲究礼貌的，塾师常教育学童要彬彬有礼。学童每天上、下午上学，都得双手捧着书包向父母作揖告出；放学归家时，同样的作揖告入。这叫做"出必告入必面"。在馆里对先生也是作揖来、作揖去，路上碰到先生，定要招呼作揖。

蒙童从四五岁发蒙入塾读书，到开笔作文，再到参加童子试、考秀才、进书院

私塾里十分讲究礼貌，逢人作揖

私塾

或官学，至少是十年以上。明清时期，以尊经崇儒为正宗，私塾里不仅要供奉孔子以孔门诸贤哲牌位，而且须时常敬拜。一是"朔望祀孔"——每逢初一、十五，蒙童须自带香蜡，先向孔子牌位行礼，次向塾师祝揖；二是"圣诞祀孔"——孔子生于公元前551年夏历八月二十七日，每逢孔圣诞前夜起，塾师都会组织祀孔，由蒙童凑钱备办香蜡钱纸火炮寿礼，祭拜孔子，二十七日早晚行礼，这期间是不读书的。

私塾每天放学三次（乡村义塾只放两次）：早饭学———相当于上午九至十点之间；午饭学———相当于下午三点左右；晚

孔子铜像

私塾的教育对象

学————挨近黄昏。因没有钟表，只是个大致时间。蒙童除回家吃饭以外，每天在私塾时间一般都在八小时以上。晚上回家，还得挑灯夜读。

晚清四川地方的私塾，一般正月底或二月初开学，至冬月尾或腊月初"散馆"放年假，全年读书时间十个月左右。其间端午、中秋照例放短假（各五天）。短假、年假，统称"三节"，逢"三节"，家长都得赶送"束修"和"节礼"。塾师一般只在端午节收礼时回赠蒙童常用纸扇一把，名之曰"打发"，中秋和年假是没有"打发"的。

塾师的教桌上，设土红或洋红一盘，墨碟一个，戒方、篾板各一块，这是必不

塾师会在端午回赠塾童纸扇一把

私塾

可少的。这"篾板"是体罚工具。以体罚方式逼使蒙童读书，极不合理，也是对儿童身心的摧残。历史的大变动时期，这种以体罚为特征的私塾教育曾为民主革命家、教育家所诟病和诅咒。然而，所谓"扑作教刑""黄荆条上出好人""教不严师之惰"似乎成了自古以来教育者所奉行的传统。蒙童从此开始了漫长而又艰辛的读书生涯。

女童也读书，《清俗纪闻》一书也称"绝无女子到外馆读书等情形"，但应注意，不到外馆并不等于不受教育，亦即不识字。《清俗纪闻》就指出，"女子则首要传授针线，

私塾的教育对象

孝经鼎

但亦有向女子传授书法，使之读书作诗"，并且"女子上学之法与男子亦无不同"，不过由女先生"每日来到各家，教授各家女子""开始时教《女训》《孝经》，然后再和男子同样使读《千字文》《百家姓》和四书等书文。束修之礼亦与男学生相同"。这也提示，其实传统中国对于女子教育并非真如后来新知识人宣称的，有着刻板而严厉的男女之别。对于读书年龄，某些地方也有一定禁忌，称"男忌双，女忌单"，早在唐人撰《北齐书》中就有记载。既然女子也有忌讳，可见在教育权利上，男女并无分别。

九、塾师的状况

西安关中书院

私塾的教书先生也称塾师，最受欢迎的是"禀贡生"，即明清两代由府、州、县推荐到京师国子监学习的书生，享受地方津贴；其次是秀才，明清两代在县、府级考试中及格、有资格参加省级考试的读书人；再次是童生。塾师中以童生最多，他们都是不第秀才，潦倒半生，只好走上教书这条路。过去，私塾多为蒙学程度，以自设馆居多。教师的素质参差不齐，如《红楼梦》中林黛玉的塾师贾雨村，曾中举为官，又被罢官，自然可以把考试的经验传授给他的学生了。贾宝玉的老师贾代儒老眼昏花，思想陈旧，行动缓慢，但是因为他的学位高，受到贾家的礼遇，也遭到学生的厌恶。也有教完《三字经》《百家姓》的塾师再讲"四书"就很费力的。塾师文化水平悬殊，他们当中既有像蒲松龄、郑板桥那样的文化名人，也有不少粗通文墨的腐儒。

有的塾师是自己设塾教书的，每至腊尾岁首，就要四处托人招揽学童了。学童入馆前，家长须填写一张入学志愿书，里面要特别写明"束修"（即学费）是多少，分几次交付，并注明"节庚包"(即逢节另送的红包)外学童束修全年约3—4银元。一个塾师如有二十多名学童，可年入束修金六七十银元，就算不错了。有的塾师在一个地方坐馆多年，他的私塾也就叫做"馆地"。塾师与学童家

国子监内石刻

塾师的状况

岳麓書院

惟楚有材

於斯為盛

岳麓書院

长是常有来往的，如替他们写信、写春联、写契据，一些德高望重的塾师也参加当地的婚丧喜事等，除了落些额外收入外，双方也建立起了友好关系。学童家碰到什么难事，往往都会请塾师帮忙，塾师也都十分热情。学童和家属对塾师是很尊敬的，每到重要节日，都要送一些糕点、粽子、月饼、鱼肉给塾师。夏天白昼长，家属给学童送点心时，也都给塾师送一份。

每逢重要节日，学童要送一些糕点给塾师

到了宋元时期书院设置的趋势则是越来越城市化，这使得读书人一段时间内大量集中，造成了知识人相对过剩的现象。等待命运转机的读书人在科举落第后，多数曾做过塾师，如明代的归有光和清代的郑板桥，都曾陷入为谋取京城一个塾师位置四处请托，以致斯文扫地的窘状。塾师每年的"束修"（薪水）约50—60银元，如由东家供应伙食，"束修"要相应减少。私塾中并没有寒暑假，全年只有清明、端午各放一天。每年十二月初十前后放年假，至次年正月十五开馆，所以当时有"先生不吃十二月的饭"的谚语。

据记载清代塾师平均年收入在 100 两银左右，普通塾师的年收入不足 50 两银，甚至有说塾师收入有更低的可能，与普通体力劳动者差别并不太大，这也是为什么一些传统学塾的塾师还兼有行医、代人书写记账等多种职业的原因。乾隆时人段玉裁称，他的祖父、父亲都以授徒为业，有时远走他乡，每岁计所入修脯数十两。虽古人有故意对人言贫之风，但此处段氏所言恐怕非虚，倘无其事，他不会在儿童时期就有如此深刻的印象。那么每逢年末，先生沿街要"束修"的现象就不足为奇了。

　　塾师的工作不好找，全国也就存在比较庞大的塾师队伍，换言之，清代民众的

杭州孔庙大成殿

私塾

岳麓书院内景色宜人

教育水平就有更高的可能。庞大的塾师队伍
与相对较小的需求市场不免产生矛盾，这是
前人研究中较少注意到的地方。科举考试可
以定期聚集士子，清代书院设置的趋势则是
越来越城市化，这就使得读书人一段时间内
大量集中，造成了知识人相对过剩的现象。

白鹿洞书院

这些由乡镇向城市迁徙的读书人，经常以塾师为业，等待命运转机，因此京城、省城等行政中心及其近郊往往是学塾最为集中的地方，以至于僧多粥少。

私塾先生与家长的协议中，写明了学生学习要达到的水平，是要会看帐本，学会做生意，还是金榜题名。他还要根据学生的基础、个人能力来制定学习计划，实行个别教学，要教几十个学生，教材各不相同，劳动强度之大可想而知。学生可以带学费来，如果不满意还可以离开，先生的精神压力也很大，要不了几年，就成了"病夫子"。

历代塾师，多是潜心学术，热爱教育事业

岳麓书院内景色宜人

白鹿洞书院

塾师的状况

白鹿洞书院景色

　　的。从开风气之先的孔孟学派到诸子百家，从书院的名家鸿儒到乡塾的贫师寒士，他们或因朝代的更迭而脱离了统治阶级；或因时局动乱无法施展治国平天下的雄才大略；或屡试不第，不愿再做科举的牺牲品。纷纷从事私学事业，绝意仕途，不慕荣利，安贫乐道，以"传道、授业、解惑"为己

孔子一生桃李满天下

任，开馆设学，有教无类，默默地担负起对中华文化的传承、研究等重任。例如，孔子就有弟子三千，七十二贤，桃李满天下。

但是中国近代对塾师进行了改良，当时的塾师是只会教"四书"，对他们进行培训，改变他们的知识结构，将

塾师的状况

宜兴东坡书院一景

其转变为国立学校的老师。更多的时候，他们却阻碍了现代化的进程，遭到了取缔的命运。大部分塾师回家务农，两千年来的塾师行业以这样的结局告别了历史的舞台。

私塾

十、私塾的改良与复兴

武夷山紫阳书院

1905 年，科举制度被废除，为兴学让路，拉开了长达半个世纪的私塾改良的序幕。经馆受废科举的直接冲击，纷纷停闭。社会上很少再有经馆，剩下的几乎都属于蒙馆。清末民初，义塾和族塾或者改办小学，或者停办。开办家塾属于家庭内部事务，地方政府不便过问。自设馆是最普通的私塾，自然就成了私塾改良的主要对象。

两千年来，私塾作为一种特殊的教育形式，几经起伏，得以发展，但是随着社会的革新和发展，它的弊端日益显露，更何况教育问题不是绝对化和唯一的；学生智力和资质有差异，教育更需个性化。

私塾存在很多弊端，如教学不遵循人的发展规律和特点，不制定一定的教学计划，课程单一，全部课程由一位塾师"包打天下"，大部分教学内容枯燥乏味，作文大多为学写八股文，教学方法太注重背诵，不注重理解，严格实行体罚的方法等等。但是私塾在教学方法上还是有一些值得我们借鉴之处，这些对于实施素质教育，丰富教学方法，提高教学质量，还是具有现代价值的。

私塾是中国传统教育的一个重要组成

部分，千百年来，中国人在私塾中开始自己受教育的生涯。然而随着近代社会的转型，私塾渐渐显露了其在教育内容、教育方法、教学目的、教育理念等方面的不足，逐渐走向末路。随着科举制度的废除和新式教育的兴起，私塾改良在各地如火如荼地进行。拉开了延续半个世纪的私塾改良的序幕。私塾教育的内涵发生了根本的变化，传统的私塾教学内容多以四书、五经为主，虽经过清末民初的改良，但各地私塾依旧我行我素。

为此，南京国民政府时期各地政府加大了对私塾使用的教材的管理。教育主管机关

私塾作为一种特殊的教育形式存在了数百年

私塾的改良与复兴

私塾教材

针对各地私塾有新旧两套课本的现象，经常收缴旧课本。这使新式教材的推广颇见成效。随着塾师训练班的开设，大量塾师经过教学内容、教学方法的培训，在很大程度上提高了自身素质，逐渐趋向专业化。同时随着新教育的发展，不少受过新式教育的毕业生亦加入到塾师的队伍中来。加强对私塾的监督和管理，调查各地私塾情况，初等私塾所开设课程至少必须包括修身、国文、讲经读经、算术四科，高等私塾课程开设至少包括修身、国文、讲经读经、算术、历史、地理六科。在教学内容中加入了数学、地理、历史，这已经是很大的进步了。在私塾改良过程中，政府要求私塾教员一律采用新式教学方法授课，重

讲解不重背诵，不得沿用旧式只重背书、机械识记的教法。

　　除了改革教材外，还改造私塾教师。私塾改良的关键是改造塾师，塾师的素质直接关系到私塾改良的成效。传统塾师的知识结构陈旧，除了四书之外什么也没学过。要想胜任算学、格致、历史、地理、修身等新课程的教学工作，对塾师的改造迫在眉睫。对塾舍内设备亦做了初步规定，要求学生的桌椅都面向老师。民国初年虽对私塾进行改良，但成效不大，各地旧式私塾仍兴盛不衰。这些私塾大都违反教育原理，泯灭儿童天性，阻碍社会前进。初等教育也因私塾的干扰而发展缓慢，各地小学数量减少。每当政府对

宜兴东坡书院一景

私塾的改良与复兴

嵩阳书院前石刻

教育管理不严时，社会就会冒出一批旧私塾来，人们在私塾改良过程中认识到训练塾师是改良私塾的最后工作。塾师经过培训和考核，主管教育行政机关将授予证书。合格者可以开办私塾；不合格者坚决予以取缔。尤其对塾师的思想和品德进行严格的考核。私塾课程分为基本的与补充的两种，基本课程为：一国语（包括读书、作文、写字），二常识（包括社会、自然、卫生），三算术（包括笔算、珠算），四体育。补充课程依地方需要由塾师自行选定。对于旧式教材，很多地区经常派兵警前往各乡检查，收缴旧课本，对于教学方法，政府规定"私塾教学时须注意积极诱导方法，绝对禁用体罚"，"教学时须以引起儿童学习之兴趣为主，并须注重理解，不得专重背诵"这使私塾转变了教学内容，改善了教学方法。

传统私塾校舍破旧，设备简陋。于是另外规定了私塾应具备条件：一、黑板粉笔黑板刷；二、自鸣钟；三、各科教科书等。地方政府还对塾舍提出具体要求，要求光线充足、宜保持清洁等。私塾教学条件的改善不但使儿童的受教育环境大为改观，

还有利于儿童身心健康，这在一定的程度上改善了私塾的硬件条件，更有利于与学校衔接。一方面人们的传统思想根深蒂固，送孩子去上学，为了让他识字、记账、看懂田契、地契，而小学的教育内容繁多，导致识字并不如私塾教授的多，于是有很多家长还是把孩子送入私塾，同时塾师接受了改良，教学方法和教育的内容也都改进了，给私塾注入了新鲜的活力，促使传统私塾向新式学校转变。教育理念也发生了重大的变化，他们在私塾改良过程中接受改造之后，大多能明白课程标准、坐次排列以及教学方式概要，对私塾改良的抵触情绪逐渐消失。与此同时，新学堂学生在社会崭露头角，独领风骚，这使私塾教育难能望其项背。民国初年留学归来的留学生，毕业后，乡亲们用四人来抬大轿，彩旗起舞、鼓乐喧天，可谓耀祖荣宗；而墨守陈规的私塾学生念了十几年的四书、五经也没有这样扬眉吐气的机会。学生家长通过对新旧教育的比照，对传统私塾的教育内容和教学方法逐渐产生怀疑乃至最后摒弃。

古代私塾

私塾

私塾培育出不计其数的优秀人才，也存在一定的弊端

私塾改良是以人为本的，它摒弃了私塾的不良传统，代之以注重人的全面发展。政府从管理、课程、教学方法、塾师等各个方面对私塾进行改良，以求适应个体并促进个体的发展。总之，私塾改良是适应社会和个体和谐发展的需求的。

在新中国成立后，私塾改良已经基本改造完成了。经过考核的塾师成了公立学校的小学老师，其余劝退回家务农。

但是随着改革开放的进行，国学热了起来，改革开放后，中国传统文化开始复苏。20世纪80年代初，湖南平江的农村悄然出现了私塾。老塾师朱执中在家中重操旧业，教授乡人读"四书五经"。朱执中让学生读

私塾的改良与复兴

菊斋私塾

老书、习诗文、练书法，教学因人而异，注重背诵和体悟，这些做法都没有超出传统私塾的范围。只是朱老先生不再体罚学生了，这已经有了很大的改变。

近年来，随着国学热、读经热的趋势，私塾补习班在社会上应运而生。2005年10月，张志义在苏州开设"菊斋私塾"，刻意追求古典情调。塾师身穿儒士长衫，室内悬挂孔子画像，儿童作揖打躬学习古代礼仪，教学的内容是《弟子规》《三字经》《千字文》《易经》《老子》《庄子》以及诗词韵文，中间穿插讲授古乐、书画、茶道。张志义是一个国学爱好者，"菊斋私塾"的办学宗旨是弘扬中国传统文化，它与传统私塾的精神是一致的，尽管具体表现形式有所不同。

读新书晓得做事，读老书晓得做人"是学生对私塾的现代教育的认定。私塾重返教育舞台，引起社会的广泛关注。人们把近年来社会上出现的私塾叫现代私塾。那么私塾的重新出现是历史的进步还是倒退，同时也引起了人们深深的思考。